I0173645

www.ingramcontent.com/pod-product-compliance
Lightning Source LLC
Chambersburg PA
CBHW032058040426
42449CB00007B/1122

9781990157189

|انتشارات انار|

عاشقانه‌های لجنی
مهدی علیپور اصل
از نمایشنامه‌های ایران - ۱۳

به خنیاگری نغز آورد روی   که: چیزی که دل خوش کند، آن بگوی

عاشقانه‌های لجنی
از نمایشنامه‌های ایران - ۱۳
نویسنده: مهدی علیپور اصل
دبیر بخش «از نمایشنامه‌های ایران»: مهسا دهقانی‌پور
ویراستار: مهسا دهقانی‌پور
مدیر هنری و طراح گرافیک: عبدالرضا طبیبیان
چاپ اول: تابستان ۱۴۰۰، مونترال، کانادا
شابک: ۹-۱۸-۷-۹۹۰۱۵-۱-۹۷۸
مشخصات ظاهری کتاب: ۶۲ برگ
قیمت: ۷٫۵ £ - ۸٫۵ € - CAN $ ۱۳ - US $ ۱۰

|انتشارات انار|

نشانی: 746A, Plymouth Av., Montreal, QC, Canada
کدپستی: H4P 1B1
ایمیل: pomegranatepublication@gmail.com
اینستاگرام: pomegranatepublication

همه حقوق چاپ و نشر برای ناشر محفوظ است.
هرگونه اجرایی از این نمایشنامه منوط به اجازه رسمی از ناشر است.

پیشکش به
مدافعان صلح و پرچمداران عشق، هرکه باشد.

فهرست

بالندگی‌ها	۹
عاشقانه‌ی لجنی یکم	۱۱
عاشقانه‌ی لجنی دوم	۲۱
عاشقانه‌ی لجنی سوم	۳۱
عاشقانه‌ی لجنی چهارم	۴۷

بالندگی‌ها:

- نامزد بخش نمایشنامه‌نویسی در سی و هفتمین جشنواره بین‌المللی تئاتر فجر.
- نامزد بخش نمایشنامه‌نویسی در جشنواره بین‌المللی صلح.
- نامزد بخش نمایشنامه‌نویسی در نهمین جشنواره دانشجویی تئاتر ثمر.

آدم‌های نمایش:

دختر: حدوداً بیست و پنج ساله
مرد: حدوداً چهل و پنج ساله

عاشقانه‌ی لجنی یکم
او عاشقم بود، من عاشق دیگری، دیگری عاشق دیگری

(اتاق نشیمنی نسبتاً بزرگ و شیک و با اثاثیه زیبا. خانه فضای کم نوری دارد و در دیوارهای خانه قاب عکس‌های دختری نصب شده است، بزرگ و کوچک. سمت راست درِ ورودی و فرش‌های پهن روی زمین که کفشی پاشنه بلند رویش قرار دارد. سمت چپ درِ اتاق و یک پنجره که مقابلش دختری روی صندلی نشسته است، دیده می‌شود. دختر لباس‌های سیاه و مجلسی به تن دارد. سیگار می‌کشد و به بیرون خیره است. ضبط صوتی هم آنجاست و آهنگ ترکم

مکن ژاک برل در حال پخش است. صدای باران و رعد و برق می‌آید.
در باز می‌شود و مردی به آرامی وارد می‌شود. دختر را می‌بیند و در را می‌بندد. تا وسط صحنه می‌آید و می‌ایستد. دختر پشتش به مرد است و همچنان سیگار می‌کشد.)

دختر: انگار از این خونه فقط کلیداش رو نگه داشتی. (مکث) لیلی گفت برگشتی ایران... ولی فکر نمی‌کردم همین امشب بیای اینجا. (مکث) سه سال و سی و هفت روز. (مکث کوتاه) چرا برگشتی؟ تنها برگشتی یا با اون؟ (آخرین پک سیگارش را می‌زند. و خاموش می‌کند.)
مرد: تنهام.

(باشنیدن صدای مرد، دختر چشمانش را می‌بندد. مرد یک قدم به سمت دختر برمی‌دارد.)

دختر: کجاس؟ نکنه لغزید! (سمت مرد برمی‌گردد.) لغزید؟
مرد: لغزید.
دختر: پس بالاخره رفت. (مکث کوتاه. دوباره سمت پنجره برمی‌گردد.) چرا برگشتی؟ فکر کردی می‌تونی جبران کنی؟ نه (مکث) نه.
مرد: یه ساله تنها زندگی می‌کنم. (مکث کوتاه) لیون.
دختر: تنهایی خوبه. منم سه ساله تنها زندگی می‌کنم. (مکث کوتاه) تنهایی آدم رو سرعقل میاره.

(از صندلی برمی‌خیزد و روبه‌روی مرد می‌ایستد. به همدیگر نگاه می‌کنند.)

مرد: عوض شدی!
دختر: آدما عوض می‌شن... عوض می‌شن... عوضی می‌شن. (مرد به چشم‌های دختر خیره شده است. بدون کوچکترین حرکتی.) یکی می‌گفت، دنیا و مردهاش از اول تاریخ به زنها بدهکارن. (مکث) تو هم عوض شدی.
مرد: هنوز داریش؟
دختر: (من‌من کنان) می‌دونستم یه روز برمی‌گردی (گردنبندش را در دستش می‌گیرد و به سمت مرد قدم برمی‌دارد.) نگهش داشتم یه روز برگردونم به خودت.

(گردنبند را از گردنش پاره می‌کند و در جیب کت مرد می‌اندازد. مرد دستش را سمت صورت دختر دراز می‌کند ولی دختر سرش را عقب می‌کشد.)

دختر: دیر شده. (مکث کوتاه) خیلی هم دیر شده. (مرد دستش را پایین می‌آورد.) مدتی می‌شه که تنها نیستم. (مکث کوتاه) هنوز نمی‌دونم مرد خوبیه یا نه ولی حس عجیبی بهش دارم. حسی که مدتها بود تجربه‌ش نکرده بودم... صداش همون کاری رو با وجودم می‌کنه که یه موقع‌هایی صدای تو این... (مکث) چه کسم من؟ چه کسم من؟ که بسی وسوسه مندم/گه از آن سوی کشندم، گه از این سوی کشندم/ز کشاکش چو کمانم، به کف گوش

کشانم/قدر از بام درافتد چو در خانه ببندم. (لبخندی تلخ به مرد می‌زند.) بهتره بری. (از کنار مرد رد می‌شود و سمت در می‌رود.) حداقل من خداحافظی منصفانه‌ای داشتم نه؟ با یه نامه خداحافظی نکردم. حتی با اینکه سوزوندمش رنگ پاکتش یادمه. توی یه پاکت سبزیشمی بود؟ نه چه رنگی بود؟

مرد: سبز فکر کنم.

دختر: سبز... سبز لجنی. (کفشش را می‌پوشد.) کاش رنگ مناسبتری انتخاب می‌کردی.

(دختر خارج می‌شود. مرد سمت عکسهای دیوار می‌رود. سیگارش را درمی‌آورد و روشن می‌کند. درحالی‌که چشم به عکسها دوخته است، دختر از پشتِ در، سرش کمی پیدا می‌شود، می‌خندد، کفشش را درمی‌آورد، چراغها را روشن می‌کند، با خوشحالی سمت مرد می‌دود.)

دختر: ترکوندم... یوهو! عالی بود مگه نه؟ (ضبط‌صوت را خاموش می‌کند. و در حال خوشحالی کردن است. درحالی‌که مرد همین‌طور به عکسها خیره شده است.) ببخشین دیگه اون لحن و حرکتایی که گفتین رو هنوز نمی‌تونم درست دربیارم. ولی دفعه بعد تمرکز بیشتری می‌کنم... قول می‌دم. حله... خداییش ولی حسم خیلی خوب بودا. یوهو! چه کسم من؟ چه کسم من؟ (مرد عکس‌العملی نشان نمی‌دهد. دختر کمی آرام می‌گیرد.) خوبین شما؟! (مرد با سر تأیید می‌کند.) خب تا دیرم نشده بهتره لباسا رو دربیارم و برم.

جاشـو بلـدم دیگـه کجـا بـذارم، شـما راحـت باشـین. (بـه اتـاق می‌رود درش را کامل نمی‌بندد تا صدایش به مرد برسد.)
صدای دختر: می‌گم وای باید همکلاسیام بـودن و می‌دیدن حسـم رو. آخـه تـو کلاس فکر می‌کنـن مـن بازیگـر خوبی نمی‌شـم. می‌گن این همـه پول دانشـگاه چرا می‌دی؟ بـرو یه چیـز دیگه بخون. ولی مـن ناامیـد نیسـتما، ادامـه می‌دم. ادامه می‌دم دهنشـونم... این همه راه از شهرسـتان نیومـدم که با حرفـای یکی دوتا بچـه تهرونی ناامیـد شـم می‌دونیـن! فکر کنـم دارن حسـودی می‌کنـن. نـه؟ (مکث) شـعرو دیدین چقدر با احساس خوندم؟ چه کسم من؟ چه کسم من؟ شما تنهایی دلتون نمی‌پوسه اینجا؟ تنهایی سخت نیس براتون؟ (بـا لباس‌هـای اسپـورت و دخترانـه وارد می‌شـود.) می‌گـم ولی خداییـش مـن خیلـی شـبیه همسـر مرحومتـون هسـتما... عجیبـه. مخصوصاً تـوی اون دو تا عکس. (مکـث) خوبیـن شـما؟ می‌خواین یه چایی چیـزی براتـون دم کنم؟
مرد: نه ممنون. خوبم.
دختر: می‌خوایین یه کـم حرف بزنیـم حـال و هـوا‌تون عـوض شـه؟ (مرد عکس‌العملی نشـان نمی‌دهد.) شـما سـه سـال فرانسه بودین آره؟ لابد فرانسوی هم خوب بلدین صحبت کنیـن... خـوش به حالتـون. مـن عاشـق فرانسه‌م می‌دونیـن فیلماشـون کـه عالیه. همیشـه به روانشناسی اهمیت می‌دن. مـن عاشـق نظریه‌هـای روانشناسـی فرویدم. می‌دونیـن شـما نمی‌خواین ازدواج کنین؟
مرد: دیرت می‌شه.
دختر: آخ راست می‌گین. خوابگاه هم که می‌دونین قوانینش

رو... (آماده رفتن می‌شود.) اِ فقط ببخشین من یکی دوتا سؤال ذهنم رو درگیر کرده. واقعیتش، خوابم نمی‌بره شبا می‌دونین! البته جوابش رو حدس میزنما ولی... اون شخصی که همسرتون گفتن کجاس و رفت و اینا... کیه؟ و چرا فقط این قسمت از خاطرات همسر مرحومتون رو دوس دارین ببینین؟ یعنی بازسازیش کنیم؟

(مرد سرش را به سمت دختر می‌چرخاند.)

مرد: همسرم مدرس زبان فرانسه بود و اون دختر، شاگرد خصوصیش. (مکث) و اینکه دیگه همسرم نبود... وقتی با دختره رفتم خارج، طلاق غیابی گرفت... این گفت‌وگو آخرین خاطره و ملاقاتمون بود. (مکث) دیگه هیچ‌وقت ندیدمش. بعد از اینکه از اینجا رفت... (مکث) امروز خوب بودی، ممنون (مرد از جیبش پاکتی به رنگ سبز لجنی درمی‌آورد و به دختر می‌دهد.)
دختر: خواهش می‌کنم. (مکث کوتاه) بارون هم بند اومد. زنگ می‌زنین خودتون دیگه؟ آره... پس تا بعد... (مرد سمت عکس برمی‌گردد. سیگار دیگری روشن می‌کند.) خداحافظ.

(دختر سمت در می‌رود. می‌نشیند و کفشهایش را می‌پوشد. پاکت راکمی باز می‌کند و از داخلش اسکناس دیده می‌شود. یک طرف قالیچه را به آرامی بلند می‌کند. چند پاکت عین همان پاکتی که دست دختر است دیده می‌شود. به مرد نگاه می‌کند. پاکت را می‌بوسد و کنار بقیه‌ی پاکتها می‌گذارد. بار

دیگر با چهره‌ای مغموم به مرد نگاه می‌کند. بلند می‌شود و سریع خارج می‌شود. با صدای بسته شدن دَر، نور می‌رود.)

پایان

خرداد نود و شش

آدم‌های نمایش:

ماکسیمیلیان: حدوداً سی ساله
صدای سرباز نازی

عاشقانه‌ی لجنی دوم
درود بر هیتلر

(مکان داخل تانک است. سربازی حـدوداً سـی سـاله (ماکسـیمیلیان) بـا لبـاس ارتـش نـازی، پـای راسـتش زخمـی است و با پارچه‌ای زخمش را بسته و خون زیادی در اطرافش ریختـه شـده اسـت. نـور بـا فاصلـه نیـم متـری روی سـرباز است. جزئیـات داخلـی تانـک، کوله‌پشـتی جنگـی، بطـری مشـروب فلـزی، کاغـذ و اسـلحه دیـده می‌شـود. سـرباز در حـال نوشـتن نامـه‌ای اسـت. صـدای انفجـار می‌آیـد. دسـت از نوشـتن برمی‌دارد و حواسـش پـرت موقعیـت می‌شـود.

زمانی که در حال نوشتن است یا نامه را می‌خواند جملات با صدای سرباز در فضا پخش می‌شود.)

صدای ماکسیمیلیان: سلام همسر عزیزم، یانا (مکث) اینک با جسمی زخمی، روحی خسته و با دستان خونی آخرین نامه‌ام را برایت می‌نویسم. من در محاصره دشمن هستم. داخل یک تانک، یک تانک پانزر چهار که بوی گندی هم می‌ده. توی روستای اورادور سور گلان بِهمون حمله شد و آمریکایی‌ها تموم سربازای ما رو قتل‌عام کردند. من تونستم فرار کنم و مخفی بشم. بله دیگه برام مهم نیست از کلمه‌ی فرار استفاده کنم یا نه. توی این جنگ لعنتی اگه تونستی باید فرار کنی و هیچ شرمندگی هم نداره، مخصوصاً اگه پات دوتا تیر هم خورده باشه. اونا تا چند دقیقه دیگه من رو پیدا می‌کنن و یه کارایی با پوست سرم انجام می‌دن. پس زمان زیادی ندارم عزیزم. (مکث می‌کند. مشروب می‌خورد. دوباره به خواندن نامه ادامه می‌دهد.)

صدای ماکسیمیلیان: دلم برات تنگ شده عزیزم. برای برلین، برای خونه‌مون، برای اتاق خواب‌مون، برای اون تخت گرم و نرم‌مون... برای نفسات و البته غذاهای بدمزه‌ت... می‌دونم می‌دونم هنوز اول کاری و رفته‌رفته بهتر می‌شی. ولی فکر نکنم دیگه پیشرفتت رو تو آشپزی ببینم... فقط یه توصیه‌ی دوستانه یانا، نمک رو کم کن عزیزم... نه صبر کن صبر کن... کم کن درست نیست. کلاً حذفش کن. نمک چیز خوبی نیست یان. حتی شنیدم توی ژاپن ممنوع شده. باورت می‌شه!؟ فک کنم برای همینه که بالای صد سال عمر می‌کنن و خیلی

خوب آدم می‌کُشن... یانا با اینکه اون ژاپنی‌های نکبت طرف ما هستن ولی ازشون متنفرم. تو وحشی‌بازی خیلی دیگه از حد گذشتن. حالم از استراتژیشون به هم می‌خوره. البته بعید می‌دونم اصلاً استراتژی داشته باشن یا نه! کاراشون بیشتر شبیه اینه که یکی بهشون دستور داده، دهن نکبتتون رو باز کنین، نعره بزنین و آمریکایی منفجر کنین... تازه یه شکنجه‌هایی با چاقو و اون شمشیرای عتیقه‌شون انجام می‌دن که نگم بهتره... بعداً از اخبار می‌شنوی. (حالش رفته‌رفته بدتر می‌شود. باز بطری‌اش را سر می‌کشد.)

ماکسیمیلیان: خوبه تا اینجا... درسته یکم درباره‌ی ژاپن زیادی اطلاعات دادم ولی شروع خوبیه... اون من رو درک می‌کنه. (کاغذ را روی ران سالمش می‌گذارد و می‌نویسد.)

صدای ماکسیمیلیان: آرزو می‌کنم جنگ زودتر تموم بشه یانا... اولش که ازت دورم کرد، الآنم قصد داره کامل جدامون کنه. (مکث) امیدوارم بتونی بهم افتخار کنی... البته حدس می‌زنم سرباز نازی بودن، در آینده افتخاری نداشته باشه ولی قسم می‌خورم عزیزم... قسم می‌خورم من هیچ زن و بچه‌ی یهودی رو نکشتم. باید اعتراف کنم آره بعضاً کشتن افسرای آمریکایی و اون جاسوسای لندنی حال می‌ده... آخه اونا جوری راه می‌رن و اسلحه می‌گیرن که انگار خدای جنگن. (می‌خندد و زیرلب فحش می‌دهد) ولی زن و بچه نه. (حالت نشستنش را کمی تغییر می‌دهد.) من می‌فهمم یان. یه اصولی رو می‌فهمم، هیلتر خدا نیست و می‌دونی که مجبور بودم بیام فرانسه و براش آدم بکشم... این خواسته‌ی قلبی من نیست. خواسته‌ی قلبی من تویی، نه خون. (کمی از حال می‌رود. گره

پای تیرخورده‌اش را محکمتر می‌کند. از درد فریاد می‌کشد. باز هم بطری مشروبش را سر می‌کشد و می‌نویسد.)

صدای ماکسیمیلیان: گاهی اوقات چشام رو می‌بستم و تصور می‌کردم جلوم نشستی و داری نگام می‌کنی... این‌جوری احساس تنهایی نمی‌کردم، یا حداقل کمتر می‌کردم... امیدوارم این نامه به دستت برسه. شانسم کمه ولی به امتحانش می‌ارزه. شایدم دست شوهر آینده‌ت برسه، کسی چه می‌دونه... هی یارو! اگه اونا احترام سرشون نشد و بدون مراسمی چیزی نامه رو با پست فرستادن دم در، ببر بده به یانا. یانا... همسرت. ممنون. (بطری مشروب را سر می‌کشد ولی انگار تمام شده. درحالی‌که هوشیاری کامل ندارد بطری را پرت می‌کند. و می‌نویسد.)

صدای ماکسیمیلیان: حس عجیب و غریبی دارم یان. نمی‌دونم چطوری توصیفش کنم ولی انگاری امشب قراره ببینمت... نه! نه! نمی‌خوام قضیه رو الکی رمانتیک یا مذهبیش کنم. بگم آه عزیزم توی آسمون یه فرشته‌ی زیبا می‌بینم، درحالی‌که داره بهم نزدیک می‌شه لبخندی هم می‌زنه و از این مزخرفات... چون نه آسمونی می‌بینم و نه هیچ فرشته‌ی لعنتی‌ای. به جاش آمریکایی‌ها دارن بهم نزدیک می‌شن و هیچ لبخند کوفتی هم توی صورت کوفتی‌شون ندارن. (مکث) این نامه اگرم برسه دستت شاید زمان ببره و تا اون موقع اتفاقای زیادی برات بیفته. مخصوصاً اگه هنوز با اون دوست منحرفت سوفی صمیمی باشین... هی یانا حواست هست اصلاً؟! این تازگیا خیلی زده بودی تو فاز ضد مردی و اینا... آره! آره می‌دونم این

اوضاع کوفتی دنیا، تقصیر یه مشت مرد حرومزاده است ولی قبول کن اگه اون دانشگاه لعنتی هیتلر رو قبول می‌کرد الآن اون داشت نقاشیش رو می‌کشید و دنیا هم سر جاش بود. (در حالت بی‌هوشی فکر می‌کند.) گرچه مسئول رسیدگی به پرونده‌ی هیتلر تو دانشگاه هم یه مرد بوده، خب که چی؟! یعنی می‌خوام بگم، هنوز یه چندتایی مرد خوب پیدا می‌شه یانا. این‌قدر بدبین نباش... (کف تانک دراز می‌کشد ولی سعی می‌کند نامه را بنویسد.) یانا باورت می‌شه الآن آرزو می‌کنم آمریکایی‌ها هرچه زودتر بیان و کارمو یه‌سره کنن... چون این تانک کوفتی واقعاً بوی گندی می‌ده و قبل از اومدن آمریکایی‌ها یا خون ریزی، احتمالاً خفه می‌شم. فک کنم یکی از سربازا مدام می‌شاشیده توش. آره بوی شاشه... یانا یه وقت فکر نکنی خرابکاری خودمه‌ها! عزیزم من از ترس آمریکایی‌های حرومزاده نمی‌شاشم تو شلوارم. خب آره اونا زدن به سیم آخر و هرجا نازی می‌بینن پوست سرشون رو با چاقو جدا می‌کنن و برا مقاماتشون کادو می‌فرستن... ولی من به هیچ‌جاییم نیس باور کن. بشاشم؟ نه! نه! (صدای آمریکایی‌ها می‌آید.) تانکها را بررسی می‌کنند.) عزیزم بهتره موضوع شاش رو عوض کنیم، چون زمان موعود رسید... آرزو می‌کنم همیشه خوشحال باشی و بخندی. البته می‌دونم تو این اوضاع، فقط آدمای احمق می‌تونن خوشحال باشن. ما خودمون فقط وقتایی که مشروب زیاد می‌خوردیم می‌خندیدیم، خیلی هم می‌خندیدیم یان. اما همیشه احساس می‌کردم این خنده همون گریه است. گریه تو قالب خنده داره خودشو نشون می‌ده... یا یه همچین

چیزی. (صدای آمریکایی‌ها نزدیک‌تر می‌شود. انگار دریچه تانک بغلی را باز کرده‌اند.) هیچ‌وقت فکر نمی‌کردم توی یک تانک شاشی، درحالی‌که نصف خونم رفته و آخرین نامه به زنم دستمه، یه آمریکایی به سرم شلیک کنه ولی جنگ همینه. جنگ قابل پیش‌بینی نیست، عین فوتبال... راستش الآن وقت ندارم مقاله‌ای چیزی در این موضوع ارائه بدم ولی بدون عین همن. (آمریکایی‌ها به تانک می‌رسند. ماکسیمیلیان تندتند می‌نویسد.) این نامه رو توی یک پاکت سبز رنگی می‌ذارم و قایم می‌کنم... البته کاملاً هم سبز نیس بابتش معذرت می‌خوام یانا. سبز پررنگیه. فکر کنم لجنیه... حداقل امیدوارم اینجا بوی شاش نگیره تا با محتوا و رنگ پاکتش بتونی کنار بیای به امید دیدار در دیار باقی... دوست دارم. ماکسیمیلیان.

(در حال گذاشتن نامه توی پاکت است که دریچه‌ی تانک باز می‌شود. نور بر روی ماکسیمیلیان زیادتر می‌شود. صدای شلیک می‌آید و دریچه بسته می‌شود. صدای تیراندازی شنیده می‌شود. صدای فریاد، شلیک، تیرخوردن و انفجار ادامه دارد. سکوت. ماکسیمیلیان در تعجب فقط سمت بالا را نگاه می‌کند. صدای سربازان نازی می‌آید. ماکسیمیلیان تمام قدرتش را جمع می‌کند و سر و صدا راه می‌اندازد.)

ماکسیمیلیان: خدای من! من نجات پیدا کردم... درود بر هیتلر (فریاد می‌کشد.) هی هی من آلمانی‌م. من توی تانکم. آهای. من زنده‌ام.

صدای سرباز: کجایی؟ کدوم تانک؟
ماکسیمیلیان: پانزر... تانک چهارم. (ماکسیمیلیان خوشحال و درحالی که به خودش آمده نامه را از پاکت درمی‌آورده و پاره می‌کند.) من خودمو واست میارم یانای عزیزم.
صدای سرباز: خب من کنار تانکم سرباز. اینجا امنه حساب همشون رو رسیدیم. بیا بیرون.
ماکسیمیلیان: چی! نمی‌تونم خودم بیام. من تیر خوردم. تو باید بیای این پایین.
صدای سرباز: تیر خوردی؟ شرمنده رفیق ما کسی رو نداریم که مراقبت باشه. تعدامون زیاد نیس و اول باید اون روستا رو از آمریکایی‌های کثیف پاکسازی کنیم. باید صبر کنی برگردیم.
ماکسیمیلیان: شوخیت گرفته؟ نه! نه! خواهش می‌کنم. من نمی‌تونم دووم بیارم. کلی خون از دست دادم... هی با توآم منو بیار بیرون.
صدای سرباز: طاقت بیار سرباز. نجاتت می‌دیم.
ماکسیمیلیان: الآن نجاتم بده عوضی... من هیچ طاقتِ کوفتی نمیارم... کجا رفتین؟ (آرام می‌شود و کف تانک می‌افتد.) لعنت به شماها... امیدوارم همتون رو بگیرن و عملیاتِ پوستِ سر کندن روتون پیاده کنن. عوضی‌ها.

(کاغذ دیگری درمی‌آورد و سعی می‌کند بار دیگر نامه را بنویسد.)

صدای ماکسیمیلیان: سلام. همسر عزیزم، یانا اینک با جسمی زخمی، روحی خسته، و بدون خون در بدن و بوی

شـاش برایت آخریـن نامـه را...

(صدا رفته‌رفته محو می‌شود. نور می‌رود.)

پایان
خرداد نود و هفت

آدم‌های نمایش:

الکس: بیست و هفت ساله
سموئیل: سی و پنج ساله
صدای فرمانده

عاشقانه‌ی لجنی سوم
خدای افغانی

(مکان، روستایی در افغانستان است. یک سرباز آمریکایی (متعلق به کلاه سبزها) را می‌بینیم که روی تخته سنگی نشسته است. اسلحه‌اش را به سنگ تکیه داده و ضبط صوت کوچکی را جلوی دهانش می‌گیرد.)

الکس: سلام مامان. امیدوارم حالت خوب باشه. منم حالم خوبه نباید نگران من باشی. من توی یکی از روستاهای کابلم، به اسم سیدآباد، اگه درست تلفظ کرده باشم. باید بگم این

اطراف امن و امانه مامان. پس خواهش می‌کنم نگران من نباش، من در معرض هیچ خطری نیستم. امیدوارم تا دو ماه دیگه همه چی خوب پیش بره و بتونم برگردم خونه. دلم برات تنگ شده مامان... راستش نمی‌تونستم بهت زنگ بزنم و یه دو هفته‌ای فکرکنم اینجا باشم. نمی‌دونم کدوم قبرستونیه، هیچ‌چی نداره اینجا... عین روستاهای قبلی و احتمالاً بعدی. ما مجبوریم یه چند تا روستا رو هم همین‌جوری پاکسازی کنیم... ولی دلیل اصلی ضبط کردن صدام، اینه که برات می‌فرستم تا وقتی برگشتم خونه همشون رو یه روزگوش بدم. یا یه آلبوم صدایی چیزی... شایدم همشون رو ریختم دور یا آتیش زدم. ولی مهم نیست تا برگشتن من باید نگهشون داری مامان... ممنون. (مکث) آ! امیدوارم چیز تو کار جدیدش موفق باشه... چیز... جِف... آره جف تو کار جدیدش... هی! هی! مامان گوش کن شغل جف واقعاً برام مهم نیست. فقط می‌خواستم مقدمه چینی کنم، ولی می‌رم سر اصل مطلب. (مکث کوتاه) مامان من... من... من اینجا از یه دختری خوشم اومده. از یه دختر افغانی خوشم اومده. نه! نه! خوشم اومده یه دروغ محسوب می‌شه، باید بگم واقعاً عاشقش شدم. آره! آره! من عاشق یه دختر افغانی شدم... می‌دونم برات مسخره میاد ولی این اتفاق افتاده، ازکنترل منم دیگه خارجه. و من واقعاً نمی‌دونم چه‌جوری. نمی‌دونم چه‌جوری ولی باید به دستش بیارم مامان. (مکث) باید ببینیش مامان... چشماش... لباش، صورتش، موهای بلندِ سیاهش... باید اعتراف کنم لعنتی اندام خوبی هم داره. هی! هی! مامان یه وقت به عشق من شک نکنی؟!

اگه توجه کنی اندام رو آخر از همه گفتم. اندام رو آخر... ببین نمی‌خوام بگم اندام برام مهم نیست. یه معلولِ بدبخت یا یه کشیش منحرف نیستم که، فقط دارم امتیازاتش رو برات رتبه بندی می‌کنم... می‌دونم الآن با خودت می‌گی این همه دختر آمریکایی ریخته اینجا... ولی من فرق دارم مامان. خودت همیشه اینو بهم می‌گفتی... پس اینجا هم باید فرق داشته باشم و من یه دختر آمریکایی نمی‌خوام، من بَشیره رو می‌خوام مامان... آخ یادم رفت اصلاً بهت بگم... اسمش بشیره است، اگه درست تلفظ کرده باشم... تازه، اسمش رو با کلی حرکات بدن و مکافات تونستم از زبونش بکشم بیرون. حرکات برا اینکه اینجاها هیچ‌کس زبون ما رو نمی‌فهمه و مکافات برا اینکه دخترای اینجا خیلی خجالتی‌ن و از مردا دوری می‌کنن. یه ترس از آمریکایی هم که بهش اضافه کنی می‌شه یه مکافات به تمام معنا. (مکث کوتاه) مامان امیدوارم فکر نکنی اثرات جنگ دیوونه‌م کرده... ولی باید بگم وقتی تو چشماش نگاه می‌کنم، احساس می‌کنم اون یه... اون یه خداست. انگاری تو چشمای یه خدای افغانی زل زدم. اون خیلی عجیبه. اون خیلی زیباست. اون... اون حیرت‌انگیزه (به خودش می‌آید) آ! نمی‌خواستم نگرانت کنم مامان، فقط فکر کردم باید بدونی اینورِ دنیا پسرت چه حسی داره. سعی می‌کنم کار احمقانه‌ای ازم سر نزنه ولی مگه خود عشق احمقانه نیست؟! شوخی کردم مامان سعی خودم رو می‌کنم. ولی حداقل باید یه‌جوری این دختر رو... یعنی... (سموئیل با همان نوع لباس ارتشی و با اندامی درشت‌تر از الکس می‌آید. نامتعادل راه می‌رود.) آ! مامان من

بازسعی می‌کنم صدام رو برات ضبط کنم و بفرستم. باید برم. می‌بوسمت... خداحافظ.

سم: هی! داشتی چی‌کار می‌کردی؟ یکی رو می‌بوسیدی؟

الکس: داشتم صدام رو ضبط می‌کردم، تا فردا با پست ارتش بفرستم خونه.

سم: صدات رو؟

الکس: آره صدام رو، صدام رو با این ضبط می‌کردم.

سم: آه خدای من، این کوچولوی مادربه خطا صدا رو ضبط می‌کنه و بعد می‌فرسته خونه؟

الکس: آره کارش دقیقاً همینه... هی الآن داریم تو سال دو هزار و سه زندگی می‌کنیم. واقعاً همچین چیزی ندیدی؟

سم: نمی‌دونم... من... من... امشب هیچی نمی‌دونم... من...

الکس: فرمانده چیزی بهت نمی‌گه همه‌ش مشروبت دستته؟

سم: فرمانده به هیچ جاییم نیست... امشب فرمانده‌ی مادرهرزه نباید بهم گیر بده.

الکس: هی! هی! من رو تو دردسر ننداز. اگه می‌خوای به مادر فرمانده چیزی بگی بهتره پیش من نباشی.

سم: تو چته پسر! داری برای زن فرمانده پرچم نگه می‌داری؟! تو اسمت چیه؟

الکس: الکس.

سم: الکس... اهل کجایی الکس؟

الکس: کورتلند.

سم: کورتنلد... نیویورک. شنیدم شهر زیباییه. می‌دونی من یه دوست دختر داشتم اهل آلبانی بود... باید بگم... واقعا محشره.

الکس: آره... آره شهر زیباییه.

سم: دختره رو می‌گم. اون واقعاً محشر بود رفیق... یه هرزه‌ی عوضی. می‌خوام بگم اون کارش رو با پسرا بلد بود، این چیزیه که حس می‌شه، توسط پسرا. می‌دونی که... همه‌ی پسرای فروشگاه حتی اون مدیر پیرمون تو کَفِش بودن. ولی کسی که اون هرزه‌ی زیبا رو به چنگ آورد کی بود؟ کی بود اون؟ من بودم. من... من... من... از آشناییت خوشحالم الکس.

الکس: همچنین سم... سمو... چی؟

سم: سموئیل.

الکس: سمو... ئیل.

سم: سموئیل.

الکس: سموئیل.

سم: از اسمم خوشم میاد. البته می‌تونی سم صدام کنی.

الکس: این‌جوری بهتره... سم فقط فکر می‌کنم داری تو نوشیدن زیاده‌روی می‌کنی، ما باید حواسمون...

سم: چی؟! درباره‌ی چی حرف می‌زنی! من دارم زیاده‌روی می‌کنم؟ این دنیای مادربه‌خطا داره زیاده‌روی می‌کنه. من دارم زیاده‌روی... این زنان که دارن زیاده‌روی میک... من دارم زیا... این وکیلان که دارن زیاده‌روی می‌کنن.

الکس: اوه پسر این‌جوری که معلومه یکی به هم‌ت ریخته.

سم: یکی به همم ریخته؟ نه، دنیا خیلی دقیق ریده بهم. یه زن و هم‌زمان باهاش یه وکیل ریدن به‌م.

الکس: یه جورایی دارم حدس می‌زنم چی شده رفیق.

سم: یه سوال الکس... وکیلا رو چقدر می‌شناسی؟

الکس: راستش زیاد سر و کارم بهشون نیفتاده.

سم: اونا همشون یه مشت عقده‌ای عوضی‌ن. اونا همون کسایی‌ن که تو بچگی دهنشون سرویس شده، برا همین دوست دارن دهن بقیه رو سرویس کنن. وکیلا عاشق سرویس کردنن... بعد به‌جای اینکه تو بیمارستان روانی قرصای کوفتی‌شون رو بخورن، دارن پول درمیارن... دارن میلیونی پول درمیارن. باورت می‌شه؟

الکس: خب نمی‌دونم. اینم یه‌جور... می‌خوام بگم... یعنی اونا...

سم: یه سؤال الکس شباهت بین یه وکیل چینی با یه وکیل سنگالی چیه؟

الکس: (مکث) آ! می‌دونی... فکرکنم اونا... یعنی هردوتاشون... نه فهمیدم ازچه لحاظ می‌گی... اونا شاید... می‌تونن یه... می‌خوام بگم اونا... یعنی...

سم: اونا هردوتاشون حرومزاده‌ن. جواب سؤالم خیلی آسون بود الکس.

الکس: خب من از این زاویه به کار و کاسبی‌شون نگاه نکرده بودم.

سم: کار و کاسبی دهن سرویس کن... یکی از اون حرومزاده‌ها دیروز برام نامه فرستاده، ازطرف زنم.

الکس: و فکر نکنم اون نامه محتوای عاشقانه داشته باشه.

سم: درست فکر می‌کنی... اون نامه محتوای دهن سرویس کن داشت. باورت می‌شه؟ اون عربهای شترسوار و این طالبان زبون‌نفهم نتونستن دهن منو سرویس کنن، اون‌وقت یه وکیل مادرهرزه فقط با یه نامه ریده به آینده‌م. باورت می‌شه سرباز؟

الکس: واقعاً متأسفم، نمی‌دونم چی بگم. ولی تو نباید تسلیم شی، یه بهونه‌ای چیزی جور کن برگرد آمریکا و با زنت حرف بزن. تو نباید...

سم: چی؟! بهونه جور کنم؟ کجاییم ما الکس؟! ما کجاییم؟! نگاه کن به این جهنم دره! نگاه کن. بیشتر از یه ساله تو این قبرستونم... افغانستان. فکر کردی اونا می‌ذارن به این زودیا بریم گردش؟ هان؟ یه سوال الکس! رو لباست پرچم کجا رو نصب کردن؟! هان؟

الکس: هان!

سم: هان؟

الکس: هان!

سم: پرچم یکی از کشورای اسکاندیناوی لعنتی؟ پرچم جزایر فارو؟ هان؟ با اینکه پرچم کوفتی جزایر فارو رو ندیدم، ولی مطمئنم پرچم اون اروپایی‌های نکبت نیست و در عین حال قسم می‌خورم این پرچم ایالات متحده‌است. و ایالات متحده یه کوچولو سخت‌گیره.

الکس: (از حال سم نگران شده است.) آره فکر کنم یه کوچولو سخت‌گیر شده. مخصوصاً حالا که زده تو کار و کاسبی ضد تروریسم.

سم: (می‌خندد.) اوه جورج بوش عزیز... اون خوب می‌فهمه داره چی‌کار می‌کنه. اون عوضی عزمش رو جزم کرده تا کل دنیا رو به فنا بده. سرِ چی؟ سرِ دو تا برج دو قلو مادربه‌خطا.

الکس: هی این‌جوری نگو! تو حق نداری این‌جوری حرف بزنی. من واقعاً اون برجا رو دوست داشتم... خیلیا اون برجا رو دوست داشتن. سم! بعدش‌م تو نباید به رئیس جمهورت

توهین کنی.

سم: چی! من نباید به رئیس جمهورم... هی! یه سؤال الکس... یه سؤال... به نظرت الآن بوش می‌ره تا با زنم حرف بزنه و زندگی من رو نجات بده؟ اون این‌کار رو می‌کنه؟ اون به هیچ‌جاییش نیست که من عاشق کی‌م رفیق. اون حتی نمی‌ذاره خود‌م زندگی لعنتیم رو نجات بدم... نه تا وقتی که آخرین گلوله‌م رو تو مغز آخرین طالبان و القاعده‌ای خالی نکنم. استراتژی اینه الکس. آخرین گلوله به اضافه آخرین طالبان به اضافه آخرین القاعده مساویه خانه... البته... البته اگه سر حرفش بمونه. اون ممکنه یه روز برگرده بگه هی سربازا! یه زن افغانی بگیرین و همون‌جا به زندگی نکبتتون ادامه بدین. اصلاً از اون روانی بعید نیست. اون دوست داره آمریکا همه‌جا شعبه داشته باشه... اینو همیشه یادت باشه الکس، همیشه نژادپرستا سر قدرتن.

الکس: (زیر لب) من که فعلاً از خدامه الکس.

سم: چی؟

الکس: بوش همچین حرفی نمی‌زنه، ولی حالا که زنت داره ازت جدا می‌شه، مشکلت با این قضیه چیه؟

سم: هی سربه‌سرم نذار، حالا که یه کم مستم نباید سربه‌سرم بذاری. من دوست ندارم تا آخرین نفسام با یه زن افغانی بخوابم... من دوس دارم برگردم و با زن چشم‌رنگیِ لعنتی خودم بخوابم. می‌فهمی؟ (مکث کوتاه) البته اینا هم برای یه‌بار امتحان کردن می‌ارزن. حتماً به اون دوتا خونه بالای تپه یه سر بزن.

الکس: منظورت چیه؟

سم: نمی‌دونم از این آسیایی‌ها چرا این‌قدر متنفرم! (زیرلب) هی تو زندگیت کسی هست؟ عشق منظورمه.

الکس: راستش این کلمه زیاد برام آشنا نبود ولی آره این تازگیا حسش کرده‌م.

سم: یعنی... صبرکن ببینم... یعنی عاشق شدی و سریع اومدی ارتش تا کلاه لجنی سرت کنی؟ احمقانه است.

الکس: نه! نه! اونجا نه... چی؟! کلاه لجنی؟

سم: آره رنگ کلاهت رو نگاه کردی؟

الکس: می‌دونم کلاهم چه رنگیه و اینم می‌دونم تو نباید به این لباس توهین کنی... تو یه‌ریز داری به خودت و همه ما توهین می‌کنی.

سم: من نمی‌دونم می‌دونی یا واقعاً نمی‌دونی ولی بهتره بدونی کلاهمون لجنیه رفیق.

الکس: سبز... سبز... این سبزه... سبز.

سم: سبزلجنی... ولی من ترجیح می‌دم بگم لجنی. می‌دونی چرا؟

الکس: (کلافه شده) سم! ما نیروی ویژه ایالات متحده‌ایم. نه چرا؟!

سم: ما نیروی ویژه گه پاک‌کن ایالات متحده‌ایم بله. یعنی چی؟ یعنی چی؟ یعنی اونا هی گه می‌زنن به این‌ور و اون‌ور دنیا و ما مجبوریم بریم پاکشون کنیم. برا همین این لباس رو برامون درنظرگرفتن، نمی‌دونستی؟... توش عین یه تیکه گه می‌شیم. (الکس پا می‌شود.) هی کجا؟ می‌خوای بری جلو آینه ببینی شبیه گه شدی یا نه؟

الکس: واقعاً دیگه مرز رو رد کردی. نمی‌تونم دیگه تحملت

کنم، من مطمئنم طالبان و اون القاعده‌های‌ها وقتی اسم کلاه سبزای آمریکا رو می‌شنون، شلوارشون رو خیس می‌کنن.

سم: (عصبانی) نه! نه! اونا دوست ندارن رو شلوارشون کثافت کاری کنن، چون کسی رو ندارن که براشون بشوره. اتفاقی که می‌افته اینه، اونا به شدت ازمون استقبال می‌کنن. اونا عاشق سوراخ سوراخ کردن و بریدن سر آمریکایی‌هان... همه‌ی دنیا عاشق نفله کردن آمریکایی‌هان. (الکس می‌خواهد برود.) هی، تو یه سرباز وطن‌پرست نمونه‌ای. وقتی برگشتیم خونه یادم بنداز به جورج بوش سفارشت رو بکنم... اون بهت افتخار می‌کنه...

الکس: (برمی‌گردد.) صبر کن ببینم، جریان اون دو تا خونه‌ی بالای تپه چی بود؟

سم: آخ نمی‌دونی؟ از اون دوتا بهشت کوچولو خبر نداری؟

الکس: چرا اتفاقاً خیلی خوب خبر دارم. خودم زن و بچه‌ها رو منتقل کردم اونجا.

سم: پس باید ازت تشکری چیزی کنم؟

الکس: تشکر برا چی؟

سم: نباید به فرماندهی نعره‌کش چیزی بگی‌ها!

الکس: (نگران شده). مگه چی کار کردی؟!

سم: (مکث کوتاه) از جریان زنم خیلی عصبانی بودم. هم عصبانی بودم هم... نه همون عصبانی. یعنی اون لحظه از همه‌ی زنا متنفر شدم و تصمیم گرفتم انتقامم رو بگیرم. تا امروز صبح، که از سربازای آشپزخونه شنیدم که یکی دو تا دختر خوشگل توی اون دوتا خونه‌ها...

الکس: (در شوک فرو می‌رود.) و تو کدوم خونه رو انتخاب

کردی؟

سم: خونه‌ی بالایی رو... آره بالایی بود. می‌دونستم که اونجا طبقه‌ی بالاش خالیه و بی‌دردسر می‌شه انجامش بدی. می‌بینی من حتی وقتایی که مستم هم عقلم خوب کار می‌کنه... لعنتی باید اعتراف کنم واقعاً خوشگله، اندام خوبی داره و خوشگله. به هرحال از افغانستان بعیده همچین دختری پس‌بندازه. (می‌خندد.) اون عین یه اسب رام نشده است. از موهای بلند سیاهش گرفتم و از پله‌ها به زور کشوندم بالا. هی داشت جفتک می‌نداخت و فریاد می‌کشید... فکر کنم داشت از یه کسی کمک می‌خواست. بعد یه مشتِ آمریکایی روونه کردم بهش. یکی از دندوناش انگار شکست و دیگه خفه شد... دندون جلوییش بود. حتماً به این فکر کرد که دیگه نمی‌تونه به کسی لبخند بزنه. تا آخرش فقط داشت آروم گریه می‌کرد. (می‌خندد.) می‌دونی که دخترای این اطراف خیلی...

الکس: (ناگهان به سر سم شلیک می‌کند و فریادزنان.) پاگَن دخترای این اطراف پاگَن کثافت. (بالای سر سم می‌ایستد و همه‌ی گلوله‌های خشاب را در صورت سم خالی می‌کند. خون روی زمین جاری می‌شود. الکس در حالت جنون خشابش را عوض می‌کند. می‌خواهد دوباره شلیک کند که صدای دویدن چند نفر شروع می‌شود و رفته‌رفته نزدیک‌تر می‌شوند.)

صدای فرمانده: هی! هی! اینجا چه خبره؟! چی؟! داری چه غلطی می‌کنی؟

الکس: ... یه حرومزاده‌ی عوضی از دنیا کم شد فرمانده... اون یه...

صدای فرمانده: لعنت بهت سرباز، تو صورت یه خودی رو ترکوندی؟

الکس: نه! نه! اون خودی نبود فرمانده. اون یه آشغال بود و کاری رو کردم که حقش بود. اون باید...

صدای فرمانده: باشه... باشه... آروم باش، بهتره اسلحه‌ت رو بندازی زمین.

الکس: اون عوضی به یه دختر باکره رحم نکرده فرمانده. تو... تو دستور داده بودی هیچ‌کس از این غلطا نکنه. توی مادرهرزه همچین دستوری داده بودی مگه نه؟

صدای فرمانده: گوش کن... من ازت می‌خوام آروم باشی، اسلحه‌ت رو بندازی زمین و به مادر من توهین نکن.

الکس: (یک جا بند نیست و حرکاتش جنون آمیز است.) هی فرمانده! تو می‌ذاری من با بشیره از اینجا برم؟

صدای فرمانده: بشیره دیگه کیه؟! چرا مزخرف می‌گی! اسلحت رو بنداز زمین سرباز.

الکس: اون حتماً از من کمک می‌خواسته، آره، اون حتماً از من کمک خواسته. لعنتی، لعنتی، لعنت به من. لعنت به تو. لعنت به طالبان. لعنت به برجای دوقلو. لعنت به آمریکا.

صدای فرمانده: بس کن. بس کن. کاری نکن بهت شلیک کنیم سرباز.

الکس: یه سؤال فرمانده. می‌دونی شباهت بین یه وکیل چینی با یه وکیل سنگالی چیه؟! (مکث کوتاه) اونا عین تو حروم‌زا...

(هم‌زمان با آخرین کلمات، اسلحه به سمت فرمانده می‌گیرد،

اما از چند جهت به الکس شلیک می‌شود و کنار سم نقش بر زمین می‌شود. ضبط صوت از جیبش بیرون می‌افتد.)

صدای فرمانده: خدای من! این گندکاری رو چه‌جوری جمع کنیم؟! فکر کنم دیشب کابوسی چیزی دیدم... احمقا... کسی این دختر رو می‌شناسه؟! اسمش ب... ب... بشیره‌ای چیزی بود. بیارینش اینجا.

پایان

شهریور نود و هفت

آدم‌های نمایش:

آماندا: حدوداً سی ساله
صدای دانی: حدوداً چهل ساله

عاشقانه‌ی لجنی چهارم
شبی در کنج غرب

(اتاقی با میزی به ارتفاع یک متری، چسبیده به دیوار، تلفنی روی آن قرار دارد. چند صندلی در کنار میز دیده می‌شود. صدای موسیقی ترنس به گوش می‌رسد، و گاهی برای چند ثانیه صدای بازشدن درمی‌آید و نورهای رنگی داخل اتاق می‌افتد. (رقص نور مکان، کلاب شبانه یا همچین جایی است.) زنی لنگ‌لنگان، در حالی که یک لنگه کفشش را در دست دارد، با لباس‌های رنگی و بدون تناسب رنگ و آرایش غلیظ و گیلاسی در دستِ دیگرش وارد می‌شود. روی صندلی

می‌نشیند، پایش را ماساژ می‌دهد و لنگه کفشش را به زور به پا می‌کند. گوشی تلفن را برمی‌دارد و شروع به شماره‌گیری می‌کند. ما صدای مرد را از پشت گوشی می‌شنویم.)

آماندا: الو... الو سلام عزیزم، منم آماندا.
صدای دانی: الو... آماندا؟ آماندا زنم؟
آماندا: آره! آماندا زنت.
صدای دانی: معلوم هست کجایی هرزه عوضی؟
آماندا: دانی! چی!؟ دانی! من بهت خبر دادم. پس با من این جوری حرف نزن...
صدای دانی: توکه اصلاً زنگ نزدی بهم.
آماندا: آره می‌دونم امروز اصلاً بهت زنگ نزدم ولی برات نامه نوشتم، گذاشتم تو اتاق.

(صدای در و افتادن رقص نور به داخل.)

صدای دانی: نامه؟ هیچ نامه کوفتی درکار نیست.
آماندا: یعنی چی نامه کوفتی درکار نیست!؟ خودم نوشتم و گذاشتم توی پاکتِ رنگیِ کارتِ عروسیِ پسر برادرزاده‌ی شوهرِ عمه سیمون.
صدای دانی: چه رنگی بود؟
آماندا: چه رنگی بود!؟ نامه یا پاکت کارت عروسی پسر برادرزاده‌ی شوهر عمه سیمون؟
صدای دانی: پاکت دیگه. نامه کوفتی توی پاکته.
آماندا: آ! عجله داشتم عزیزم دقیق یادم نیست، ولی فک

کنم... سبز بود، سبز پررنگ... لجنی.
صدای دانی: چی؟ پاکت عروسی لجنی؟ پناه بر خدا.
آماندا: آره دانی آره یه حروم‌زاده‌هایی ممکنه پاکت کارت عروسی‌شون رو لجنی انتخاب کنن. ببین من الآن تو پارتی... یعنی تو یه جشن تولدی‌م و باید قطع کنم. باشه؟ خدافظ.

(می‌خواهد گوشی را قطع کند، صدای دانی نمی‌گذارد. نصف گیلاس را سر می‌کشد.)

صدای دانی: قطع نکن! هی قطع نکن! تو مشروب خوردی؟
آماندا: چیه دانی؟ داد نزن. آره مشروب خوردم. یه گیلاس بعد از دو ماه که چیزی نیس عزیزم. نه؟ تو اون خونه که جز قهوه و آب ویتامینه شده چیزی پیدا نمی‌شه. دانی شوخیت گرفته؟ آب ویتامینه شده؟
صدای دانی: من به فکر سلامتی‌مونم عزیزم. تازه اون آبهای خوشمزه خیلی هم ارزون‌تر از ویسکی نیست.
آماندا: دانی اصلاً حواست هست؟ ما خیلی داریم سوسول طوری زندگی می‌کنیم.
صدای دانی: نه ما سوسول‌طوری زندگی نمی‌کنیم آماندا... سوسول‌طوری بیشتر شبیه اینه که هرروز صبح، آب خربزه یا گلابی چیزی بخوری.
آماندا: دان یه سؤال؟ اون نمی‌شه زندگی گُه‌طوری؟ می‌دونی دان من یه نتیجه‌ای گرفتم. هر زندگی بدون الکل، می‌شه زندگی گُهی سوسول‌طوری... تمام گهی. سوسول‌طوری... پس من حق دارم امشب کلی مشروب بخورم تا زندگی گهی

سوسول‌طوری‌م یادم بره.

صدای دانی: هی عزیزم تو کی این‌قدر عاشق مشروب شدی؟ نکنه مادرت با یه ایرلندی رابطه‌ای چیزی داشته؟

آماندا: خفه شو دانی... من فقط از مشروب خوشم میاد... اون ایرلندی‌ها معتاد الکلن. می‌فهمی؟ کلی فرق کوفتی بینشون هست. دوس داشتن و اعتیاد. پس من یه نتیجه‌ی الکلی دیگه‌ای هم گرفتم. امشب به هیچ وجه قید نوشیدنی‌ها رو نمی‌زنم. تازه اگه اونم شیواس ریگل باشه.

صدای دانی: چی؟ اونجا شیواس ریگل دارین؟

آماندا: اوه آره این حروم‌زاده‌ها ویسکی مخلوط اسکاتلندی سرو می‌کنن... تازه بیست و پنج ساله‌ش رو (می‌خندد.) باید مزه‌ش رو امتحان کنی عزیزم... بی‌نظیره. ببین با اینکه از اون اسکاتلندی‌های حروم‌زاده خوشم نمیاد ولی در مقابل شوهر و خدای خود، باید اعتراف کنم که کارشون تو زمینه‌های مربوط به الکل، حرف نداره.

صدای دانی: آماندا انگار با جاهای غیر از آمریکای لعنتی‌مون خیلی مشکل داری‌ها.

آماندا: اوه لعنت به تو مرد... هیچ‌کس از اسکاتلندی‌ها خوشش نمیاد، فقط من نیستم... منظورم اینه که هیچ‌کس از جایی که مردا دامن می‌پوشن خوشش نمیاد... حالا هرچقدرم کشورلعنتیشون درخت و جزیره داشته باشه مهم نیست. چون دامنه کار رو خراب کرده. بهش چی می‌گن؟ کیلت اسم مزخرفی هم داره.

صدای دانی: قضیه دامن رو دیگه بزرگش نکن عزیزم. دامن یا شلوار. مهم اینه که لخت نباشن، یه چیزی تن نکبت‌شون

باشه. عین سرخپوستای حروم‌زاده با یه برگ درخت که راه نمی‌افتن این‌ور اون‌ور، می‌افتن؟

آماندا: چی!؟ قضیه دامن خیلی هم بزرگه... عزیزم فک کن شبا زنه به شوهرش به جای، شلوارت رو، بگه عزیزم می‌شه دامنت رو دربیاری. هی دانی کلمه دامن و شلوار چیزی نیست که به راحتی بشه جاشون رو عوض کرد نه؟

صدای دانی: هی آماندا فکر کنم دیگه اونا دامن نمی‌پوشن. فقط توی فیلمای تاریخی لعنتی‌شون دیدی.

آماندا: نه! نه! نه! فقط تو فیلما نیس، فکر کنم هنوزم می‌پوشن دانی. با دامن اسکاتلندی وقتم رو گرفتی و دارم جشن کوفتیم رو از دست می‌دم. وقتشه قطع کنیم.

صدای دانی: این تویی که همش از اصل مطلب منحرف‌مون می‌کنی. کی میای خونه؟

آماندا: (کمی کلافه) عزیزم توی همون نامه‌مون نامه‌ی لجنی برات نوشته بودم که امشب تولد لیلیه و دیر میام، شایدم خیلی دیر بیام، شایدم خیلی خیلی دیر بیام. ولی اگه الآن قطع نکنی ممکنه اصلاً نیام، باشه؟ ممکنه هیچ‌وقت ن... باید قطع کنی دانی.

صدای دانی: صبر کن ببینم. تو که اصلاً به عروسی پسر برادرزاده‌ی شوهر عمه سیمون نرفته بودی!

آماندا: چی؟ اوه نه! نه! من به عروسی پسر برادرزاده‌ی شوهر عمه سیمون رفته بودم. اصلاً چه ربطی داره که من به عروسی پسر برادرزاده شوهر عمه سیمون رفتم یا نه! اونا پاکت لجنی رو که فرستادن دم دَرِ لجنی‌مون نه؟ هان؟... آفرین پسر خوب الآن دیگه باید قطع کنی چون

دارم جشن لجنیم رو از دست می‌دم. خدافظ. (می‌خواهد قطع کند باز هم صدا نمی‌گذارد.)

صدای دانی: هیچ نوع نامه‌ی لجنی رنگی نداریم اینجا. کجایی؟ (فریاد می‌کشد.) داری دروغ می‌گی. کجایی؟

آماندا: (فریاد می‌کشد.) هی! هی! این‌قد نعره نکش که کجایی؟ کجایی؟ همه‌ی همسایه‌های منحرفمون فهمیدن جریان لجن رو. به جای این‌کار برو نامه‌ی لجنی رو پیدا کن لجن.

صدای دانی: نه من نمی‌رم نامه رو پیدا کنم تا نگی امشب چه خبره؟

آماندا: (بیشتر کلافه می‌شود.) دیگه داری می‌ری رو اعصابم دانی. دیگه داری می‌ری رو...

صدای دانی: عزیزم من امشب بهت نیاز داشتم... یه اتفاقی افتاده ولی یادم نمیاد چی! فقط امشب بهت نیازِ شدید داشتم.

آماندا: چی!؟ اوه مزخرف نگو دانی مزخرف نگو... نیاز؟ اونم همین امشب. (با کمی بغض که به عصبانیت ختم می‌شود.) من دو هفته است هر شبِ خدا، میرم حموم، میام موهام رو شونه می‌کنم، عطر می‌زنم، آرایش می‌کنم، لباسای تنگ رنگی می‌پوشم، بعضی وقتا هم که هیچی نمی‌پوشم، ولی تو حتی نگاهم نمی‌کنی. تنها کاری که شبا بلدی عین خرس خرو پوف کردنه. البته من خرو پوف کردن خرسا رو نشنیدم، ولی حدس می‌زنم شبیه صدایی باشه که شبا از خودت درمیاری. حدس می‌زنم. حدس زدن که تو این کشور جرم نیس. نه؟

صدای دانی: خرس؟ هی! هی! چی؟ عطر و حموم و آرایش

از کجا اومد؟ خرس!؟ من دارم از یه جور نیاز عاطفی حرف می‌زنم. خرس!

آماندا: (مکث. یکه می‌خورد.) اوه... یعنی... منظورت نیاز عاطفی بود!؟ لعنتی... راستش داشتم خوشحال می‌شدم که بالاخره از اون نیازا پیدا کردی... (با صدای بلند) نمی‌فهمم دانی تو اصلاً داری یا نه.

صدای دانی: لعنت به تو زن معلومه که دارم. دارم یه خوبش رو هم دارم.

آماندا: (مکث) نیاز عاطفی رو دارم می‌گم مادر به خطا.

صدای دانی: (گریه می‌کند.) من امشب قاطی کردم عزیزم. اصلاً حالم خوب نیست.

آماندا: (تعجب می‌کند.) دانی تو داری گریه می‌کنی؟ اوه عزیزم چی شده؟ گریه نکن عزیزم. خب، من تو اون نامه‌ی لجنی همه چی رو برات توضیح داده بودم. چرا لجن بازی درمیاری عزیزم؟

(صدای در و افتادن رقص نور داخل اتاق)

صدای دانی: امشب باید اینجا بودی. من باز گند زدم. امشب... باید...

آماندا: دانی! ببین دانی! کیک تولد رو بردن، اون کیک کوفتی رو بردن. باید برم خب؟

صدای دانی: من شغلم رو از دست دادم. آماندا من شغل...

آماندا: باشه بعداً حرف می‌زنیم بعداً (گوشی را ازصورتش کمی جدا می‌کند و دوباره سریع به گوشش می‌چسباند.)

صبرکن! صبرکن دانی. قطع نکن! چی؟ یه‌بار دیگه...
صدای دانی: شغلم رو از دست دادم. انگاری اخراج...
آماندا: (عصبانی و از خودبی‌خود می‌شود.) باورم نمی‌شه. دانی باورم نمی‌شه از آخرین باری که شغلت رو عوض کردی دو روز و هفت ساعت و... (به ساعتش نگاه می‌کند.) چهل وپنج دقیقه می‌گذره. (گوشی را روی میز می‌کوبد. چند قدم محکم اطراف میز می‌زند. نفس عمیقی می‌کشد و دوباره گوشی را برمی‌دارد). می‌شه بگی از شیرینی‌پزی چرا دیگه اخراجت کردن احمق بی‌عرضه؟
صدای دانی: باید برات توضیح بدم. اصلاً نمی‌دونم فکرم مشغولی چیزی بود... این شیرینی‌پزی اصلاً فضاش خوب نیست آماندا. کارکناش یه مشت حروم‌زاده‌ی عوضی‌ان! نمی‌دونم چطور شد... خامه رو اشتباهی زدم رو شیرینی خشکا.
آماندا: اوه باورم نمی‌شه دانی. باورم نمی‌شه. یعنی چی که خامه رو اشتباهی زدی رو شیرنی خشکا؟ معلوم هست اون حواس کوفتی‌ت کجاس حروم‌زاده؟ اوه آره آره حدس می‌زنم از پشت ویترین به اندام زنایی که میان مغازه نگاه می‌کنی، آره؟ آره، شایدم پشت همون ویترین یه کارایی می‌کنی که باعث می‌شه دیگه شبا به من توجه نکنی، ابله کثافت حروم‌زاده.
صدای دانی: آماندا عزیزم من درستش می‌کنم. یه کار دیگه گیر می...
آماندا: بس کن دیگه دانی بس کن. دیگه این حرفات به هیچ‌جاییم نیست... اصلاً می‌دونی چیه؟! من یه تصمیمی

گرفتم. من... من یه تصمیمی... من فکر می‌کنم امشب باید با یکی از مردای خوشتیپ و بوربالای صد و هشتاد سانتی خوش بگذرونم. آره با...

(صدای در و افتادن رقص نور به داخل)

صدای دانی: صبرکن ببینم. (فریاد می‌کشد.) مگه اونجا یه جشن خصوصی و زنونه نیست؟

آماندا: چی؟ اوه داد نزن. من نگفتم این یه جشن زنونه است. من نگفتم. این یه... همچین حرفی از دهن گشاد من بیرون نیومد دانی... هرجشنی به وجود جنسای مخالف نیاز داره. مگه اینجا کجاست عزیزم؟ اینجا روستای دورافتاده‌ی مامان مری تو نیست که هر هفته جشنای زنونه توی کلیسا می‌گیرن. اینجا خونه‌ی مامان مری نیس که فقط زنا اجازه‌ی ورود...

صدای دانی: اوه! خدا من رو دوبل لعنت کنه. می‌گم یه چیزی یادم رفته. مامان (گریه می‌کند.) مامان مری... آماندا! مامان مری مرده.

آماندا: (سردرگم. جا می‌خورد.) الآن موقع مزخرف گویی نیست، الکی گریه نکن. چون باعث می‌شه دوباره هی از کلمه لجن استفاده کنم دانی.

صدای دانی: (همچنان گریه می‌کند.) مزخرف نیست. از کلیسا بهم زنگ زدن، انگار راهبه‌ای چیزی بود، گفت مامان مری به دیار باقی شتافت.

آماندا: (مکث. شوکه.) یعنی چی؟! م... م... مامان مری به

دیار باقی شتافت!؟ مگه می‌شه؟!
صدای دانی: چرا نمی‌شه. همه یه روز می‌میرن.
آماندا: می‌دونم همه یه روز می‌میرن ولی... باید درست همین امشب می‌شتافت؟
صدای دانی: ببخشین دیگه نمی‌دونسته شما امشب به یه جشنی جایی می‌ری.
آماندا: اوه معلومه که به‌خاطر جشن لجنیم نمی‌گم عزیزم... فقط شوکه شدم. (غمگین می‌شود. صدای در ولی اینبار رقص نور نمی‌افتاد. سر و صداها هم کمتر می‌شود.) تسلیت می‌گم دانی. وای خیلی متأسفم. خیلی ناراحت شدم عزیزم. تسلیت می‌گم... من مطمئنم مامان مری الآن توی بهشته دانی. آروم باش.
صدای دانی: ممنون ولی همین سه ساعت پیش به دیار باقی شتافته.
آماندا: چی! همین سه ساعت پیش به دیارباقی شتافته!؟ (دوباره کلافه می‌شود.) خب عزیزم سرعت روح می‌گن از سرعت هواپیما هم بیشتره، الآن توی بهشت هم نباشه مطمئنم دم درشه.
صدای دانی: تو این همه اطلاعات راجع به سرعت روحا رو از کجا می‌دونی؟
آماندا: (جدی. عصبانی می‌شود.) یعنی چی من این همه اطلاعات درباره روحا رو از کجا می‌دونم؟! (مکث) صبر کن. صبر کن... اوه! دانی منحرف، من شرط می‌بندم الآن فکر کردی که ممکنه من با یه روح تو رابطه باشم. آره؟ آره... آره هستم. عزیزم مچم رو گرفتی حروم‌زاده.

صدای دانی: این مزخرفات چیه؟ نکنه واقعاً خیانت کردی؟
آماندا: اوه نه! نه! به نظر من که خوابیدن با یه روح خیانت محسوب نمی‌شه دانی. کتابای مقدس هم به آدمای زنده اشاره کردن نه روحای نازنین. البته مطمئن نیستم که روحا بتونن کاری بکنن یا نه، ولی اگه یه روز مطمئن بشم، حتماً به یه عرب یا آفریقایی‌شون پیشنهاد دوستی می‌دم.
صدای دانی: چرا؟
آماندا: چی چرا؟
صدای دانی: توکه با همه‌جا جز آمریکا مشکل داشتی! چرا آفریقایی؟ چرا عرب؟
آماندا: خب اونا سیاه پوستن. دانی من فکر می‌کنم سیاها رنگ روحشون هم سیاه باشه. اون‌وقت شبا نیاز نیست که قایم بشیم. می‌دونی، حتی پیش تو هم می‌تونیم... می‌تونیم گپ بزنیم و متوجه نشی. هان؟
صدای دانی: هی! من هم تو رو هم روح اون کاکاسیاها رو به آتیش می‌کشم.
آماندا: (صدای موسیقی هم قطع می‌شود. صدای در. آماندا خسته شده.) دانی این‌قدر مزخرف نگو. بذار منم به مزخرفام ادامه ندم... چرا مثل پسرایی که مامانشون مرده نمی‌ری دوتا شمع روشن کنی و کت و شلوار سیاهت رو آماده کنی و بعدشم بذاری من گورم رو از اینجا گم کنم و بیام و فردا بریم به اون گُه گرفته‌ی خراب شده... (تلفن را ناخواسته روی میز و گیلاس می‌کوبد و گیلاس می‌شکند.) منظورم... یعنی تا بدن مامانت خراب نشده...
صدای دانی: بدن مامانم تا ما برسیم خراب می‌شه؟

آماندا: (گریه‌اش می‌گیرد.) نه دانی نه، بدن یه شبِ خراب نمی‌شه، ما تا فردا شب وقت داریم، باشه؟
صدای دانی: انگار یه‌سری اطلاعات راجع‌به بدن مرده‌ها هم داری آره؟
آماندا: (عصبانی شده، فریاد می‌کشد.) نه! نه! نه! من هیچ اطلاعاتی راجع‌به بدن مرده‌ها ندارم احمق عوضی... فقط حدس می‌زنم. حدس زدن که تو این کشور جرم نیست. نه!؟ پس بذار فکر کنیم تا فردا شب وقت داریم دانی کثافت! تا چهل و سه دقیقه‌ی دیگه خونه‌ام عوضی. (می‌خواهد گوشی را بگذارد، دست نگه می‌دارد.) دوست دارم. (دوباره می‌خواهد قطع کند. دست نگه می‌دارد.) حروم‌زاده!

(محکم گوشی را قطع می‌کند. دست‌هایش می‌لرزد، کمی در فکر فرو می‌رود. سپس از کیفش پاکت سیگاری درمی‌آورد و یک نخ روی لب می‌گذارد. گویی دنبال کبریت یا فندک باشد، دست در کیف می‌کند. پاکتی به رنگ سبز لجنی درمی‌آورد. کمی نگاهش می‌کند. فندک را پیدا کرده و پاکت را آتش می‌زند. نور می‌رود.)

پایان
اسفند نود و شش